CON GRIN SUS CONOCIMIENTOS VALEN MAS

- Publicamos su trabajo académico, tesis y tesina

- Su propio eBook y libro - en todos los comercios importantes del mundo

- Cada venta le sale rentable

Ahora suba en www.GRIN.com
y publique gratis

Bibliographic information published by the German National Library:

The German National Library lists this publication in the National Bibliography; detailed bibliographic data are available on the Internet at http://dnb.dnb.de .

Imprint:

Copyright © 2018 GRIN Verlag
Print and binding: Books on Demand GmbH, Norderstedt Germany
ISBN: 9783668776487

This book at GRIN:

https://www.grin.com/document/432580

Rogelio Bermúdez Sarguera

Matrices progresivas. Un instrumento válido en el diagnóstico de la generalización, en estudiantes de la educación superior

¿Por qué es mucho más fácil aceptar nuevos conceptos que abandonar los antiguos?

GRIN Verlag

GRIN - Your knowledge has value

Since its foundation in 1998, GRIN has specialized in publishing academic texts by students, college teachers and other academics as e-book and printed book. The website www.grin.com is an ideal platform for presenting term papers, final papers, scientific essays, dissertations and specialist books.

Visit us on the internet:

http://www.grin.com/

http://www.facebook.com/grincom

http://www.twitter.com/grin_com

Título: **MATRICES PROGRESIVAS: UN INSTRUMENTO VÁLIDO EN EL DIAGNÓSTICO DE LA GENERALIZACIÓN, EN ESTUDIANTES DE LA EDUCACIÓN SUPERIOR**

*"Es mucho más fácil aceptar nuevos conceptos
que abandonar los antiguos"*

Werner Heisenberg

Resumen

En el presente artículo científico abordamos la problemática de la relación de los conceptos de *generalización, pensamiento científico y cadena verbal* con la calidad de la formación de los profesionales y su incidencia futura en la sociedad ecuatoriana contemporánea. El *objetivo* propuesto apunta a valorar el rendimiento cognitivo-instrumental del estudiante que ingresa a la educación superior, a favor del diagnóstico inicial a realizarse en la alta casa de estudios. Fueron aplicados la *encuesta* y la adaptación de las *matrices progresivas* como *métodos de recopilación de información* y el *análisis-síntesis, histórico-lógico* y *enfoque de sistema* como *métodos de procesamiento de la información recopilada*. Las materias de *epistemología de la educación* y *ecología del desarrollo humano*, asignaturas que se imparten en el 1º y 2º semestres de la carrera, respectivamente, fueron consideradas para la ejecución de la experiencia en el diagnóstico de los recursos lógicos, epistemológicos y metodológicos que, constituyendo las premisas para la formación del pensamiento científico, redundan en la calidad de la gestión educativa del estudiante de tercer nivel. Las ideas aquí expuestas pueden servir de consulta para las investigaciones teóricas y metodológicas que se llevan a cabo en los planos de formación profesional universitaria y desempeño laboral.

Palabras clave: cadena verbal, esencia, generalización empírica, generalización teórica, matrices progresivas, pensamiento científico

Title: "DIAGNOSIS OF THE GENERALIZATION IN STUDENTS OF THE SECOND SEMESTER OF THE DEGREE IN EDUCATION, OF THE METROPOLITAN UNIVERSITY OF ECUADOR"

Abstract

In the present scientific article we address the problematic of the relation of the concepts of scientific thought, generalization and verbal chain with the quality of the training of the professionals and their future incidence in the contemporary Ecuadorian society. The proposed objective aims to assess the cognitive-instrumental performance of the student entering higher education, in favor of the initial diagnosis to be made in the high school. The survey and the adaptation of the progressive matrices were applied as methods of information collection and analysis-synthesis, historical-logical and system approach as methods of processing the information collected. The subjects of epistemology of education and ecology of human development, subjects that are taught in the 1st. and 2nd. semesters of the career, respectively, were considered for the execution of the experience in the diagnosis of the logical, epistemological and methodological resources that, constituting the premises for the formation of scientific thought, result in the quality of the educational management of the student of third level. The ideas presented here can serve as a reference for the theoretical and methodological investigations that are carried out in the levels of university professional training and work performance.

Key words: verbal chain, essence, empirical generalization, progressive matrices, theoretical generalization, scientific thought

Introducción

F.Engels, pensador alemán del siglo XIX, en su obra *"Anti-Dühring"*, hace casi ya dos siglos, propugnaba que una nación está irremisiblemente abocada a la formación del pensamiento científico, de querer mantenerse a la altura de su tiempo. Lamentablemente, hoy día las ciencias sociales, con mayor predominio, no solo resultan pleonásticas en la construcción del conocimiento a ellas inherente, sino que generalmente algunos de los conceptos que esgrimen bien pueden ser yuxtapuestos a otros o carecen de especificidad identificatoria. Ello trae como consecuencia ineluctable que los significados de dichos conceptos resulten vacuos, vacíos y que como fárragos inútiles sean empleados en la formación de la plataforma teórica del futuro profesional, alejándose de la rigurosidad y la excelencia académicas con que deben titularse los estudiantes de tercer nivel (Bermúdez y Rodríguez, 2016a). De ahí que traigamos a colación el hecho de que la enseñanza tradicional, a nivel universitario, generalmente condicione la anfibología de los términos que como constructos emplea, dejando una brecha insalvable entre las demandas de la sociedad y la preparación científico-investigativa de quien egresa de la casa de altos estudios, y cuyo puesto laboral implicaría, de nuevo, una banca universitaria que tardaría poco más que un decenio para contextualmente graduarlo.

Y ello incuestionablemente estaría provocado por un hecho tan simple, pero irremisiblemente complejo, como la poca posibilidad del estudiante de realizar generalizaciones a nivel teórico.

¿Qué hacer para pulsar la formación y el desarrollo de esta instrumentación psíquica –la generalización-- tan necesaria en nuestros tiempos, a raíz del cada vez más creciente volumen de información y la modernización de la tecnología, sobre la cual también descansa la preparación profesional de cualquier estudiante de la Educación Superior? ¿Cómo proceder para que el estudiante se oriente lo más correctamente posible dentro del maremágnum de definiciones, clasificaciones, periodizaciones y criterios de relaciones que incuestionablemente aparecen día tras día en la palestra de la literatura especializada?

Las ideas ingentes que han de ser colocadas en el campo valorativo de este artículo, deben girar en torno a las siguientes *hipótesis de trabajo.*

Primera. La formación del concepto y, predominantemente del concepto científico, es un problema incuestionablemente vigente y actual.

Segunda. La formación del concepto científico descansa ineluctablemente en la formación y desarrollo de la generalización teórica.

Tercera. La generalización teórica debe su formación únicamente al método productivo, capaz de pulsar el establecimiento de relaciones entre los conceptos empíricos o teóricos –generalizaciones empíricas o teóricas, respectivamente.

Cuarta. La generalización, como parte consustancial al conocimiento que se obtiene, debe ser diagnosticada para su formación y/o desarrollo subsiguientes, lo cual puede realizarse bajo la aplicación del test de matrices progresivas.

Desarrollo

La formación del concepto es un problema incuestionablemente vigente y actual

El conocimiento, como aproximación infinita y eterna del pensamiento al objeto, está sujeto a la ascensión hacia nuevas abstracciones, dados los nuevos niveles de comprensión del mundo, dado los nuevos métodos de investigación de la realidad que surgen. La construcción de conceptos y, especialmente, de conceptos científicos, se erige en problemática metodológica actual, no solo porque la ciencia descansa inexorablemente en la palestra de los conceptos, sino, y sobre todo, porque la formación del concepto científico es de hecho un problema inherente a la formación de tercer nivel de la enseñanza.

La problemática del concepto, de su formación en el estudiante universitario, es algo sencillamente irrefutable en cualquier desempeño profesional docente. Ella se constituye, quiéralo Ud. o no, en la *conditio sine qua non* de la preparación de todo profesional, ora en la investigación ora en la docencia, sin obviar que el propio hecho conceptual está sujeto a la investigación de sí mismo. En otras palabras, ni los conceptos se configuran como ideas innatas, tal cual defendía el pensador prusiano Immanuel Kant, dedicado a la investigación de la estructura de la razón, ni aparecen por una cuarta persona de la Santísima Trinidad, constituyendo, eso sí, el Santo Grial de las ciencias del hombre, el alfa y el omega de todas ellas, ciencias que, a todas luces, dejan en su concepción general una brecha de anfibología ya casi imposible de subsanar.

El punto de inflexión de las ciencias sociales, creemos, no ha sido para bien, sino para inundar de empirismo impensado la plataforma conceptual de aquellas. A estas alturas, no debe desaparecer del horizonte de razonamiento el hecho tan firme y riguroso que como idea resulta extraordinariamente plausible en la filosofía engeliana, según la cual el prominente tratadista advierte: "...allí donde se trata de conceptos, el pensamiento dialéctico llega, por lo menos, tan lejos como el cálculo matemático" (Engels, 1982, p.64).

Y en efecto, el genial pensador no solo está aludiendo a la dialéctica de los conceptos, que por antonomasia ha de erigirse en el pivote ineluctable de cualquier investigación metodológicamente estricta, sino, y sobre todo, a la problemática de los conceptos mismos.

Si bien los niveles de enseñanza anteriores configuraron el aprendizaje de la realidad – objetiva o subjetiva— en términos de conceptos empíricos, ahora la Universidad tendrá que trascender necesariamente la experiencia cotidiana, el preconcepto o el conocimiento empírico (Bermúdez y Rodríguez, 2007a), para viajar sobre el concepto teórico a mayor velocidad que la luz. El pensamiento científico llega allí, no solo donde no podría hacerlo el propio hombre físicamente, sino donde lo anticipan sus vulnerables hipótesis. Ascendiendo a las hipótesis por deducción, el conocimiento científico deviene tesis por demostración. No cabe duda. Así, la formación del concepto científico se convierte en la razón primera de la enseñanza universitaria.

La educación universitaria se apoya ineludiblemente en la formación del concepto, hecho que se ha convertido desde siempre en objeto de estudio de múltiples investigaciones, dentro de las cuales descuella la experiencia científica de los investigadores rusos Vigotsky-Sajarov, en las ciencias psicológicas. No menos importante, en este mismo sentido, se halla la archiconocida teoría de la formación planificada y por etapas de las acciones mentales y los conceptos del también investigador ruso Galperin (1979) y la teoría de la formación de las generalizaciones empíricas y teóricas de su coterráneo Davídov (1974, 1986), en lo que a relación enseñanza y desarrollo psíquico se refiere. Y no se hace para nada ocioso citar al investigador ginebrino Piaget (1968), quien al periodizar el desarrollo intelectual del niño, fijó como una de sus etapas el período lógico-formal, luego de los 12-15 años de edad aproximadamente. ¿Qué aborda la epistemología genética de este hombre de ciencias, sino la posibilidad de la formación del concepto científico ya desde la adolescencia?

Mucho camino metodológico-investigativo se ha recorrido, serio, estricto, riguroso, en lo que a control de variables concierne, en lo que a formación del concepto respecta, sin contar con las investigaciones primeras realizadas en el contexto de la lógica, cuyas leyes fueron formuladas por el pensador griego Aristóteles, leyes sustraídas de la dinámica de expresión del pensamiento correcto. ¿Cómo podría el pensamiento científico arreglárselas sin la ley de la identidad, la ley de la no contradicción, la ley del tercero excluido y la ley de la razón suficiente, esta última formulada por el metodólogo francés Renato Descartes y el alemán Gottfried Wilhelm von Leibniz, filósofo y matemático alemán del siglo XVII, en la resolución de los problemas que a la humanidad aquejan? Sin embargo, pensamos nosotros, ¿por qué damos la espalda a los resultados de dichas investigaciones, olvidando la historia y la lógica de la ciencia, que no es otra cosa que la historia y la lógica de los conceptos?

De estar convencidos que las leyes del pensar correcto "...no pueden ser derogadas, ni sustituidas por otras [y] tienen carácter humano universal: *son unas mismas para los individuos de todas las razas, naciones, clases y profesiones* [la cursiva es añadida]" (Guétmanova, 1989, p.114), entonces, ¿cómo es posible que el pensamiento contemporáneo, específicamente de las ciencias sociales, se haya tornado arriesgadamente inicuo e ignominioso con relación a la rigurosidad que debe prevalecer en aquel? ¿Estará esa conclusión, quizás atrevida de nuestra parte, respondiendo a la falta de severidad irrestricta que debe preponderar la generalización teórica y el método con la que se obtiene?

La generalización teórica y el concepto científico son una y la misma cosa

La generalización teórica, nos sitúa ante uno de los problemas de mayor trascendencia para los procesos de enseñanza y de aprendizaje, pues de ello depende, no sólo las formulaciones de las concepciones teóricas que subyacen al proceso en sí mismo, sino la propia actividad metodológica de la persona que enseña o aprende.

Querámoslo o no, la generalización es *conditio sine qua non* de la orientación de la persona en su contexto de actuación individual. Cada instante de nuestra vida en vigilia, está sostenida por el ejercicio de la generalización, instrumentación psíquica que, tras el análisis de la multiplicidad y diversidad de los estímulos que sobre nosotros actúan, permite desentrañar la madeja del carácter vital o secundario de aquellos, con la subsiguiente orientación como base de nuestras acciones. No es ocioso traer a colación las archiconocidas *bases de orientación de la acción* –BOA--, concepto con el cual los investigadores en materia de psicología y pedagogía, concibieron esa parte de la realidad psíquica que haría denotar la planificación, la dirección, los objetivos o cualquier otro tipo de expectativa de la persona con relación a la ejecución de su actividad y comunicación.

En otras palabras, la orientación de la persona en su contexto de actuación concreto, no escapa de la generalización. La actividad humana necesariamente se sostiene sobre la base de la orientación, como unos de sus componentes fundamentales, al proyectar o planificar todo lo que hacemos o comunicamos. Huelga citar las investigaciones de estricta rigurosidad, llevadas a cabo por tratadistas rusos en el plano de la actividad y de su orientación como uno de sus componentes funcionales más connotados (Rubinshtein, 1966; Galperin, 1979; Talízina, 1984; Davídov, 1974, 1986; Sálmina, 1988; Réschetova, 1989) y que brillantemente sacaron a la ciencia del paroxismo convulsivo que sufría el análisis psicológico de la actividad humana.

Dentro del conocimiento general acerca de los aportes de estos investigadores alrededor de la tipología de la orientación, fueron subrayadas, principalmente, las bases de orientación tipo I, II y III, consistentes en ofrecer al estudiante solo los datos imprescindibles para la solución del problema y su resultado, en el caso de la BOA tipo$_I$; la totalidad de los datos con que debía el alumno contar para resolver un problema, así como su solución, en el caso de la BOA tipo$_{II}$ y, por último, los datos más generales –esenciales— para que el estudiante lograra resolver el problema planteado, para el caso de la BOA tipo$_{III}$. De ellas, se hizo mayor énfasis en la BOA$_{III}$, mediante la cual, a juicio de los expertos, se lograba obtener el conocimiento de esencia de los objetos sometidos a estudio, en virtud de la identificación de sus rasgos más generales y, por ende, de la posible generalización o amplio espectro de aplicabilidad de los conceptos a contextos susceptibles de ello.

Detractores no faltaron sobre estas posiciones teóricas, pero lo que sí no podía enjuiciarse en contra de aquellas era la necesidad de esgrimir la generalización como instrumentación psíquica imprescindible en la obtención del conocimiento. Consecuentemente, si el conocimiento pretendido a construir era de carácter teórico, la generalización inherente tenía que responder coherentemente a la generalización de igual naturaleza. Eso es un hecho simplemente innegable.

Las investigaciones realizadas en este sentido, dentro de las ciencias pedagógicas y psicológicas, destacan la generalización empírica y la teórica, en virtud de las cuales se configuran los conceptos empírico y teórico, respectivamente (Bermúdez y Rodríguez, 2016b). Sostenidos por los resultados de dichas investigaciones, pudiera parecer que esta problemática ha sido ya lo suficientemente tratada. Pero de bruces nos damos con solo formular una pregunta de rigor: ¿qué entender por esencia, al investigar un fenómeno?, ¿cómo penetrar en ella, tras las múltiples manifestaciones fenoménicas del objeto, dentro de las cuales también la apariencia la solapa?

Cuando uno de los estudiantes le responde que la esencia es lo que no puede faltar para que un objeto sea él y no otro, o lo que lo determina en última instancia, Ud. puede preguntarle, sin temor a dudas: ¿y qué es lo que no puede faltar en él para que sea él y no otro? Ante tal ejercicio socrático, el estudiante vacila, desorientado por el desacomodo de su estructura cognitiva, pulsado por la pregunta magisterial.

Tras esa pregunta, surge un vacío conceptual que no podrá ser cubierto por el ejercicio forzoso de lo empírico. Y es ahora cuando los estudios universitarios juegan su rol imprescindible, su función primera: la enseñanza de las esencias. Si bien el estudiante llega a la casa de altos estudios con el alba de lo empírico, la universidad cobra su importancia ineluctable en el saber teórico, en la preparación científica de aquel. Si bien el estudiante ha llegado hasta las puertas universitarias blandiendo y aferrado al conocimiento empírico como el *non plus ultra* de la sabiduría humana, la Universidad tiene la obligación de despedirlo de tales conceptos; primero, aprovechándolos como base incuestionable de la nueva estructura cognitiva teórica que en él ha de formarse y, segundo, sustituyéndolos por los nuevos conceptos científicos que han de reflejar la dinámica de las relaciones de esencia que entre los objetos de estudio el hombre ha descubierto. La ascensión a las esencias del conocimiento ha de ser el objetivo rector de la enseñanza en el tercer nivel. "Cuando formaba parte del sentido común afirmar que el éter recorre [*sic*] el Universo como una malla invisible, Einstein osó discrepar, con lo que sacó a la investigación científica de un callejón sin salida" (Betto, 2009, p.75).

Las cadenas verbales y su relación con el método de enseñanza

Ahora bien, un problema aparentemente distinto, pero imbricado hasta la médula con la ejecución de la generalización, aflora en las denominadas *cadenas verbales* (Bermúdez y Rodríguez, 2007a).

Generalmente, en el nivel superior, se yuxtaponen los conceptos de conocimiento y cadena verbal, por la cual entendemos una estructura de palabras en sintaxis rígida, cuya repetición no solo se hace innecesaria en el tercer nivel, sino que promueve el inmovilismo feroz del pensamiento, de los conceptos. En la cadena verbal, las palabras se sitúan con poca o ninguna probabilidad de alteración secuencial, como los eslabones de una cadena.

¿Son las cadenas *verbales* necesarias en algún momento de nuestro desarrollo ontogénico? Sí, predominantemente en los niveles primarios de enseñanza. En esos niveles, no solo la cadena verbal es necesaria para que el niño aprenda nuevas palabras, nuevas expresiones, sino que, además, debe aprender cadenas de naturaleza *digital*, como las tablas de multiplicar, así como cadenas *de movimientos* en su desarrollo psicomotor, expresadas en todo lo que concierne al aprendizaje perceptual-motriz. Este tipo de aprendizaje invariablemente contiene la escritura, los juegos infantiles de movimientos, los ejercicios físicos, la carrera en patineta, en patines, las operaciones de acordonarse los zapatos, abotonarse la camisa, comer con cubiertos, bañarse, lavarse los dientes, etc.

La idea más importante en este sentido reside en que el aprendizaje de las cadenas verbales es un aprendizaje de naturaleza instrumental y no de conocimientos, entendiendo por instrumental todo aquello que, perteneciendo por antonomasia a lo psíquico, se vincula indudablemente con aprendizajes de tipo motor, en el que su rasgo conspicuo se identifica por la repetición del movimiento, el dígito o las palabras que han de conformar una determinada cadena. Dicho de una tercera manera, los eslabones de la cadena –de movimientos, de dígitos o verbal— habrán de repetirse tantas veces como lo necesite la persona para su aprendizaje. Así, en dependencia de la inteligencia perceptual-motriz de aquella, se producirá este tipo de aprendizaje con un mayor o menor número de repeticiones.

¿Cuál es la relación del aprendizaje de las cadenas verbales con el método de enseñanza y la generalización, como objeto de estudio de esta investigación?

A juicio nuestro, existen también aprendizajes instrumentales que no se reducen a los encadenamientos estrictos de los estímulos y sus respuestas (E-R). Estamos aludiendo a los aprendizajes instrumentales intelectuales. Dentro de esta clase, reconocemos la comparación, la clasificación, la identificación y la demostración, entre otras. Su naturaleza intelectual se la adjudicamos a raíz de que ellas se relacionan obligatoriamente con el conocimiento. De no ejecutar alguna de esas instrumentaciones, no se hace probable que la persona produzca conocimiento. El conocimiento no se origina de la nada, sino de una instrumentación, cuya ejecución la produce. De forma tal que para obtener una tipología, una taxonomía, una clasificación, múltiples clases de algo, Ud. está obligado a clasificar. De pretender hallar semejanzas y diferentes entre los objetos, Ud. estará abocado a comparar. Eso es una verdad axiomática. Como también ha de ser axiomática la idea de que si Ud. está estableciendo relaciones clasificatorias, a ellas les es inherente la instrumentación de la generalización. De modo que no se produce conocimiento alguno en el estudiante, sino es ejecutando un tipo determinado de instrumentación intelectual. Conocer es establecer relaciones. Y estas relaciones conforman una estructura cognitiva en el sujeto, a partir de determinados criterios relacionales. Pero, contrariamente a todo esto, el aprendizaje de cadenas verbales nada tiene que ver con el conocimiento, como reflejo subjetivo –conceptual empírico o teórico— de la realidad subjetiva y/o objetiva existente, fuera y dentro de nosotros mismos. El conocimiento, expresado también en conceptos –empíricos o teóricos— es una generalización –empírica o teórica.

En efecto, lo comparado –como conocimiento— no podrá obtenerse más que a través de la comparación --como instrumentación. Las diferencias y semejanzas entre objetos o las partes de uno de ellos, se obtienen bajo la ejecución imperativa de la comparación. Cuando Ud. compara o valora, tiene que comparar o valorar algo para obtener algo: el conocimiento (como las diferencias y semejanzas y el juicio valorativo, respectivamente). Las cadenas verbales, como aprendizaje instrumental motor por encadenamiento de E-R (Rodríguez y Bermúdez, 2005), de acuerdo con nuestra clasificación de los aprendizajes, se producen tras la repetición, a veces incansable, de las palabras, frases u oraciones pronunciadas por los padres, el maestro o el adulto. Y esas repeticiones no tienen nada que ver con el estado cognitivo de la persona, con lo racional, con su conocimiento –conceptual empírico o teórico.

En el caso del estudiante de cualquier nivel, este repite como ave vocinglera el mismo "concepto" –en forma de cadena-- que el profesor le ha "trasmitido". De manera que lo dicho por el docente deviene precepto inamovible y, lo que es peor, incuestionable, porque justo así él lo dijo, como si fuera el *non plus ultra* de la palabra divina. Para el niño de los primeros niveles educativos, las palabras del maestro devienen dictados de su comportamiento. Tan así es que en la conversación sana y esclarecedora con sus padres, el niño abjura de las opiniones de aquellos, diciendo que así no se lo enseñó su maestra, convirtiéndose esta en el árbitro moral de su conducta. Y eso es psicológicamente plausible. Pero ello nada tiene que ver con la preparación profesional del estudiante universitario.

El estudiante universitario nada tiene que repetir, y mucho menos sin sentido, a no ser una fórmula física o matemática en sí misma, cuya identificación se infiere, al fin y al cabo, del establecimiento de relaciones entre las variables de la ecuación, con el propósito de resolver cualquier problema formulado para el aprendizaje. Así, los estertores de las cadenas verbales trasmutarían a la epifánica expresión del conocimiento racional, del concepto, en el que las generalizaciones, en su danza eterna de aproximación al objeto de estudio, fusionarían cada vez más los fragmentos conocidos de la realidad como un pensamiento único, aun cuando el Universo nos oculte la mayor parte de su existencia.

Y la muerte de las cadenas verbales en el recinto universitario solo se vería confirmada frente al uso del método productivo o de construcción del conocimiento. Sea cual fuere la posición que se esgrima para la defensa de un método de enseñanza dado, a favor de la construcción cognitiva de la persona, estamos convencidos de que el único plausible es la mayéutica socrática. Podría abjurarse de nuestra posición unívoca, pero lo cierto es que si la *respuesta activa* del estudiante no se produce, tal cual nos legó B.F.Skinner en uno de sus principios de la enseñanza programada, en las postrimerías del siglo XIX, es poco probable que el conocimiento resulte. El conocimiento en sí mismo es una generalización, como generalización es la instrumentación con la que aquel se obtiene. Y la generalización en sí se ejecuta en virtud del establecimiento de relaciones –de esencia o no. Pero para el caso dado, subrayamos, no hay más que un método de enseñanza productivo: el de promover en el alumno la necesidad de responder a los cuestionamientos formulados por el profesor. La clase frontal debe cesar y en su lugar erigirse el método estricto de preguntas y respuestas, en el que uno –el docente u otro alumno—cuestiona, y el otro –el discente--, responde.

Ahora bien, no cualquier pregunta podría sentarse en el trono de la enseñanza productiva, sino únicamente aquella que atesore y proteja el sistema de contradicciones que generarían la fuerza motriz vital para que el conocimiento florezca. ¿De qué vale hablar de los frutos, si ellos son más jóvenes que el árbol? Por lo tanto, de lo que se trata es de comenzar por aquello que dio origen a dichos frutos, la historia y la lógica del árbol, desde su raíz; cuáles son las causas originarias de ese objeto de estudio. No es lo mismo relatarle al alumno que el mundo tridimensional se refleja por una retina bidimensional que preguntarle cómo puede la retina, siendo bidimensional, reflejar un mundo que es tridimensional o cómo podría ser tan oscuro el cielo nocturno, si las estrellas que en el habitan son millones y algunas mucho más luminosas que el sol nuestro. Las preguntas del orden de tales contradicciones son las únicas facultadas para generar conocimiento (Bermúdez y Rodríguez, 2007c). "¡Al César lo que es del César!". Cualquier otra intención de promover el conocimiento estudiantil sería infructífero, pues la alumno no se vería en la imperiosa necesidad de establecer relación alguna para responder un cuestionamiento de esa índole. Hoy, generalmente, el estudiante, desde su banca universitaria, disfruta de su enciclopédico maestro, y nada más, como quien va al cine como espectador, quizás cuestionándose algunas cosas, en el mejor de los casos, pero sin ellas hacerse audibles a los demás, con la ulterior ausencia de respuestas, aun cuando sean más o menos acertadas sobre el asunto.

El aprendizaje de los conceptos no es por repetición, sino por generalización. Y a generalizar, también debemos enseñar. Nada en el aprendizaje ha de quedar al margen, al libre arbitrio. De ahí que no compartamos con el investigador ruso Petrovsky (1980) la idea pueril, según la cual "el saber trabajar lógicamente el material es algo que, con frecuencia, *aprenden los adolescentes por sí solos* [la cursiva es añadida]" (p.200). Somos testigos de que no solo la contradicción no tiende a resolverse por sí misma, sino que además no es posible que sea formulada por ellos, y mucho menos en la edad adolescente. Si así fuese, entonces podríamos presuponer en legítima defensa que el universitario estaría facultado *a priori* para poseer los recursos cognitivos e instrumentales necesarios en el establecimiento de relaciones suficientes para el contexto dado, produciendo el conocimiento pertinente. Para tales ejecuciones, no hay casualidad posible.

En última instancia, la realidad universitaria hoy tiene que ser otra. Hemos olvidado los tan cacareados métodos activos de enseñanza que promueven la participación del estudiante en la edificación de sus constructos científicos, aun cuando a nivel declarativo sí se hagan eco. No nos llamemos a engaño: lo observado en la dinámica profesional de los docentes en sus clases, no refleja de modo alguno la naturaleza participativa y responsable que debe caracterizar cada una de las actividades pedagógicas que con el estudiante de tercer nivel se llevan a cabo. A diferencia del método socrático o mayéutica, la clase frontal sigue rigiendo la academia, en la que el profesor se erige en figura ilustrada, culta, enciclopédica y sabia, que convierte al estudiante en un reservorio de cadenas verbales, listas para devenir cantinfleos o fárragos inútiles cuando la situación lo propicie o lo amerite, como un examen. La cadena verbal cercena todo vestigio de creatividad y productividad, suscitando con ello personalidades dependientes, heterónomas, no autodeterminadas y, en última instancia, personas que no logran defender sus pensamientos, sus opiniones, sus posiciones vitales y, en consecuencia, el sistema ideológico y político en el que viven.

De todo ello se desprende la necesidad del diagnóstico de la generalización como instrumentación psíquica a la que subyace la formación del conocimiento, del concepto, del pensamiento, tanto empírico como teórico (Bermúdez y Rodríguez, 2017b).

Premisas teóricas que subyacen al uso de la técnica del Test de Matrices Progresivas

Las matrices progresivas fueron desarrolladas por Raven (2014), en Gran Bretaña, y estuvieron destinadas a la medición del factor *g* de Spearman (1950). El test constó inicialmente con 60 matrices o dibujos a los que se les había restado una parte. Así, el sujeto debía identificar la parte restada de un grupo de 6 u 8 que se le presentaban para la elección. Los elementos se agrupaban en cinco series, cada una de las cuales contenía 12 matrices de dificultad creciente, pero similares, atendiendo al principio que regía la variación que sufría la serie dada. En aquella oportunidad, las primeras series apuntaban a la diferenciación y las segundas, a las analogías, permutación y alteración del modelo y otras relaciones lógicas. El test se aplicó sin límite de tiempo, individualmente y en grupos, a partir de determinadas instrucciones orales.

Se consideró que este test era inadecuado, al proporcionar poca información sobre la fiabilidad, y ninguna sobre la validez. En lo adelante, se elaboraron matrices progresivas de menor dificultad y coloreadas, de modo que pudieran ser usadas en niños entre 5 y 11 años de edad, así como en adultos deficientes mentales. Se dispuso, entonces, de dos formas de test: la de libro y la de tablero.

Dentro de las ventajas adjudicadas a este tipo de test, estuvo el hecho de considerar que estaba libre de los factores culturales y más dependientes de las aptitudes espaciales, al igual que resultaban aplicables a la mayoría de las situaciones para las que se idearon los test no verbales. Como riesgos, se planteaban la necesidad de datos más sistemáticos sobre las normas, fiabilidad a los distintos niveles de aplicación y validez de la información (Anastasi, 1967).

Nos parece atinada la aplicación del test de matrices progresivas para el diagnóstico de la generalización en el estudiante universitario de nuevo ingreso porque se hace importante advertirle que la naturaleza en sí misma está sujeta a un proceso de modificación continua y constante, de modo que para lograr el reflejo de tales cambios y su naturaleza no existe otra instrumentación psíquica que no sea la generalización. Aun cuando no todo cambio es dialéctico, sí todo lo dialéctico indica cambio. Y esos cambios implican orden, secuencia, en los que unos se suceden como efecto de los otros; en los que unos constituyen causas de los segundos. El análisis riguroso de los cambios sufridos por un objeto es condición fundamental para adjudicar organización a este dentro del sistema de referencia al que puede ser pertinente. Hallar el *lugar* de ese objeto dentro de un conjunto dado, es ubicarlo en el sistema de relaciones de generalidad y jerarquía que todo objeto debe tener en nuestro reflejo del universo. No cabe dudas de que el examen de los cambios secuenciales --cíclicos, alternos o progresivos-- que los objetos invariablemente sufren, nos permiten determinar y formular las leyes generales o específicas del comportamiento de aquellos en regímenes sistémicos de elevada generalidad o singularidad. De ahí la propuesta del examen de series que podrían ayudar no sólo a la identificación de los cambios que sufren los elementos que en ellas se disponen, sino, y sobre todo, a la explicación del principio que rige dicha variación.

Requisitos metodológicos para la construcción del instrumento

1. Construir series que denoten cambios entre los elementos que las conforman.

   1.1 El cambio de las variables que conforman las series puede ser cíclico, alterno o progresivo (creciente, decreciente).

      1.1.1. El cambio cíclico ocurre por ciclos; la variable es recurrente en los valores después de cada ciclo.

      1.1.2. El cambio alterno es intermitente; la variable sólo asume dos valores extremos.

      1.1.3. El cambio progresivo es continuo; la variable asume valores crecientes o decrecientes.

2. Definir el principio que rige la variación que sufren los elementos que conforman la serie dada.

3. Se podría o no sugerir la alternativa de respuesta, como aparece en la serie de ejemplificación.

A guisa de ejemplo, propusimos una *matriz* de 9 elementos, de los cuales la incógnita debía ser seleccionada de seis alternativas posibles, tal cual aparece a continuación.

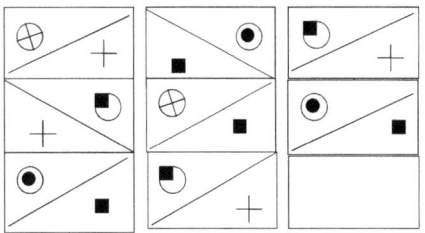 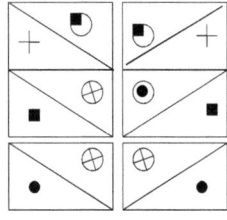

Posteriormente, propusimos determinadas series que reflejaran los tipos de cambios señalados con anterioridad. Usted podría construir sus propias series y, en consecuencia, sería mucho más recomendable que el estudiante mismo las construyera, en conformidad con el principio que las rige.

*Serie sugerida en función del carácter **cíclico** del cambio, en el que la variable se hace recurrente en los valores después de cada ciclo.*

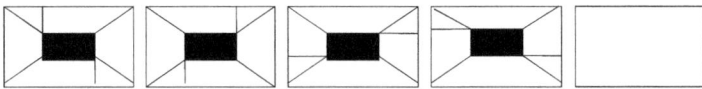

*Serie sugerida en función del carácter **alterno** del cambio, en el que la intermitencia como variable solo asume dos valores extremos.*

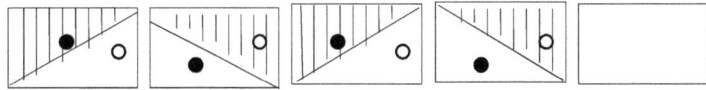

*Serie sugerida en función del carácter **progresivo** del cambio, en el que la continuidad como variable asume valores crecientes o decrecientes.*

*Serie sugerida en función de la **combinación** de la tipología de cambios examinada.*

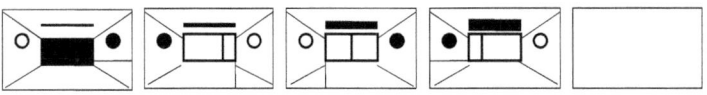

*Serie **en blanco** que debe ser construida por el propio estudiante, en la que se refleje uno de los tipos de cambios examinados, la combinación de algunos o de todos ellos.*

Generalmente, cada psicólogo ha empleado su versión, evitando la construcción de estos test a gran escala, de modo que las respuestas no sean conocidas de antemano por los sujetos a diagnosticar. Nosotros, basados en las posibilidades que ofrece la construcción de las matrices para la determinación de relaciones a partir de un criterio, construimos un instrumento que, con la misma idea de otros test (*Raven, Cuarto Excluido*, etc.), estuviese encaminado al completamiento de las series, esta vez sin recurrir a la identificación de la alternativa correcta entre las múltiples ofrecidas, sino partiendo de la construcción del cuadro en forma de respuesta libre (respuesta). Además, recurrimos a las posibilidades que tiene el sujeto de verbalizar el principio de construcción de la serie, es decir, el criterio relacional –conceptual-- de la estructura cognitiva conformada, a diferencia del Test no verbal de Raven.

La construcción de las series es convencional y pueden retomarse de cualquier test o la combinación de varios de ellos.

La extensión de los ítems no es importante, siempre que se respete el principio de la complejidad creciente de las series en función de la necesidad de combinar más de un criterio comparativo para establecer la relación entre sus elementos.

Como puede apreciarse, este instrumento es de aplicación individual; no requiere condiciones especiales para su ejecución y es de fácil procesamiento, según el modelo de respuestas.

La generalización de relaciones se pondrá de manifiesto con la explicación de los principios que reflejan las variaciones que van sufriendo las series dadas.

Análisis de los resultados obtenidos

El presente estudio tuvo sus precedentes iniciales en investigaciones realizadas a estudiantes de las carreras de educación (Bermúdez y Rodríguez, 1992). En nuestra experiencia como profesores de psicología para las carreras de Español y Literatura, Geografía y Educación Laboral, pudimos comprobar que a los estudiantes, independientemente de que ya cursaban el 2º semestre de la carrera elegida, les resultaba difícil establecer la relación necesaria entre los contenidos propedéuticos (precedentes) y los sincrónicos (presentes), es decir, los que correspondían a nuestra asignatura. Por otra parte, se destacaba el carácter fragmentado de los juicios elaborados, como si los contenidos impartidos por las asignaturas que nos antecedieron, incluso los de la disciplina pedagógica, no tuvieran relación alguna con los nuestros.

Tampoco los estudiantes, en sentido general, lograban resumir, a través de una idea generalizadora, el contenido de la actividad pedagógica llevada a cabo y, en algunos casos, les resultaba imposible su correcta construcción desde el punto de vista gramatical. Razonablemente, esto no sucedía con los estudiantes de Español y Literatura, por el desarrollo de la expresión oral y escrita, así como por la sistematización de la instrumentación "*Resumir*", pues ellas constituían ya de por sí instrumentaciones profesionales. El dominio de la lengua materna está necesariamente imbricado con el desarrollo del pensamiento y de sus respectivas instrumentaciones, pues en ello se refleja la unidad indisoluble que existe entre pensamiento y lenguaje, por ser este último la envoltura material del primero, parafraseando a Engels.

En las carreras restantes, eran notables las dificultades presentadas en la ejecución de esa misma instrumentación, evidenciándose un nivel de dominio bajo, causado, a juicio nuestro,

14

por la vulnerabilidad metodológica de estos estudiantes con respecto a los de Español y Literatura.

No obstante, en estos últimos alumnos, en aquella oportunidad, se detectó cierta dificultad para transferir la misma ejecución de estas instrumentaciones a contenidos que no eran propios de la especialidad, por lo que fue necesario hacerles consciente tanto la transferencia de aquellas a nuestros contenidos como el establecimiento de relaciones de dependencia – subordinativas y coordinativas-- de los contenidos propedéuticos y sincrónicos.

Considerando en extremo relevantes estos resultados en función de la consecución del objetivo de la presente investigación, aplicamos el instrumento descrito a los 7 estudiantes que cursaron el 2º semestre de la carrera de Licenciatura en Educación, Mención Educación Básica, de la Universidad Metropolitana del Ecuador y que se comportó como muestra representativa del universo de estudiantes de la carrera.

Para el procesamiento de la información obtenida, creamos una *Tabla de contingencias (1)* en la que combinamos varios parámetros para identificar los niveles de dominio de la generalización como instrumentación psíquica fundamental en el diagnóstico del desarrollo del pensamiento.

Escala analítico-sintética

Diagnóstico de los niveles de dominio
(en función de la solución a las Matrices Progresivas)

Instrumentación: **Generalizar**

Parámetros	Nivel de dominio de la generalización como instrumentación psíquica				
	Muy alto	*Alto*	*Medio*	*Bajo*	*Muy bajo*
Cantidad de series resueltas y explicación del principio que rige la serie	Completa todas las series y explica todos los principios.	Completa cuatro series y explica dos principios o completa tres series y explica sus tres principios.	Completa tres series y explica un principio o completa cuatro series y no explica ningún principio.	Completa una serie y explica su principio o completa dos series y no explica ninguno.	No completa ninguna serie o completa alguna de las dos primeras sin explicar el principio.
Creación de la nueva serie y explicación del principio que la rige	Crea la serie y explica el principio combinando más de dos criterios.	Crea la serie y explica el principio combinando dos criterios.	Crea la serie y explica el principio en función de un solo criterio.	Crea la serie pero no explica el principio.	No crea la serie.

Tabla 1

Los datos obtenidos pusieron al descubierto que el 71.43% de los jóvenes resolvió la 1ª serie de la prueba presentada; pero sin explicar el principio que regía su construcción. Por decantación, el 28.57% del total de estudiantes sometidos a la experiencia, no logró completar esta serie. Por su lado, el 85.72% pudo resolver la 2ª serie, pero ninguno logró explicar el principio que la regía. En tercer lugar, la serie 3ª, en la que se reflejaba la variación de carácter progresivo, logró ser resuelta por el 100% de los estudiantes, indicando que este tipo de variación no padece de dificultad alguna en el ejercicio de la generalización.

Sin embargo, la advertencia interesante de la completitud de la 3ª serie por la totalidad de los estudiantes, cuando no lograron hacerlo con la 1ª ni la 2ª, ha de deberse a que el número de sus elementos, al igual que podría suceder con su forma, tamaño y color, puede ser percibido y generalizado con mucho más facilidad cuando la cantidad a ser relacionada es exigua. Por supuesto, la máxima no se hace esperar: el todo sería mucho más difícil de analizar, en tanto contenga un número mayor de partes. Y si a eso sumamos la necesidad de establecer una determinada relación entre ellos, entonces la generalización se hace mucho más compleja. Aunque el todo es más que la suma de sus partes, tal cual propugna la psicología de la Gestalt, aquí el todo sí está sujeto como función al número total de las partes a ser relacionadas. Como bien expresa Betto (2009), "...el comportamiento de las partes determina el todo" (p.80). Dicho de otra manera, la estructura de los elementos colocados en la serie puede generar agrupamientos de mayor dificultad al percibirlos y más compleja se hace, por ende, su generalización, como sucede en las series 1ª y 2ª, lo que no debería ahora tener lugar en estudiantes de un 2° semestre universitario.

Una de las inferencias más relevantes de la experiencia, aparece en la solución a la serie 4ª, en la que la totalidad de los estudiantes no pudo completarla, ni explicar el principio que la regía. A nuestro juicio, esto pudo estar dado en la complejidad a ella inherente, en virtud de la multiplicidad de los elementos dispuestos en la progresión. Esta serie, elaborada bajo el principio de combinación del carácter cíclico, alterno y progresivo de las anteriores, requería, por supuesto, de la generalización íntegra de los elementos que configuraban la combinación. Es altamente probable que el análisis de las partes de cada eslabón de la serie no tuvo lugar. Una de las funciones inherente a la percepción reside en la integración inmediata de las partes que han de configurar el reflejo psíquico pertinente. Por lo que queda de la persona desatar el nudo gordiano que conforma el todo.

Bajo la égida de la mayéutica socrática, tuvimos el cuidado de entrenar al estudiante en el análisis, no solo de la idea que se valoraba en clase, sino también de la estructura gramatical de cada palabra de aquella, en la que los prefijos, raíces y sufijos podrían incidir definitoriamente en la comprensión del pensamiento presto a construirse. Sin embargo, en la resolución de esta progresión, eso no sucedió. El análisis, como denominador común de la compleja actividad del pensar, exige responder a la ley del ejercicio, formulada por el gran pensador norteamericano E.L.Thorndike, quien nos enseñó que la repetición de una conexión entre un estímulo y su respuesta la hacía más susceptible de actualizarse en la situación demandada. Esto trae a colación la dosificación de los conocimientos de la asignatura.

Razonablemente, no debe desestimarse el hecho de que la dosificación del aprendizaje de los conocimientos de la materia que impartíamos no favorecía el entrenamiento pedagógico suficiente. 48 horas en un semestre no influyen definitivamente en la organización de la estructura cognitiva del estudiante, sobre todo cuando se trata de organizarla sistémicamente, hecho imprescindible en la formación y desarrollo del pensamiento científico. Tampoco debemos olvidar la relevancia del conocimiento previo en la construcción del sincrónico. Si bien la dosificación del tiempo intervino en contra de la mencionada organización, asimismo se manifestó la denominada ley de la disposición. Formulada igualmente por E.L.Thorndike, dicha ley dicta que la disposición de conexiones ya establecidas –conocimientos previos— suscita la plataforma sobre la que habrían de formarse otras nuevas. Y en efecto, ¿cómo hacer honor a esta ley, si no hay conexiones previas en el estudiante que faciliten el establecimiento de relaciones entre las partes del todo que se somete a análisis para la conformación del nuevo conocimiento? No debemos descartar que los resultados de esta investigación apuntaron sorpresivamente a lo mismo que sucedía con los estudiantes sometidos a investigación en la Universidad Pedagógica, en 1992, a saber, no había relación alguna entre los conocimientos abordados por asignaturas preliminares, *v.g.*, la *epistemología de las ciencias de la educación*, y los nuestros, lo que implicó indudablemente que focalizáramos por igual los conocimientos de *epistemología* al impartir los de *ecología del desarrollo humano*, como asignatura facultativa del 2º semestre de la carrera.

En la investigación, no fue considerada la incidencia del resto del claustro profesoral como variable independiente en la consecución del objetivo propuesto, la cual únicamente se constriñó a nuestro ejercicio pedagógico.

Con relación a la construcción de la nueva serie, ninguno de los encuestados la realizó. Algunos, --el 57.14%--, tras el intento de hacerla, solo se limitaron a repetir algunos de los elementos ya existentes en las dos primeras, pero sin establecer la sucesión correcta correspondiente entre ellos. Así, de las variables dispuestas bajo el principio cíclico, alterno, progresivo y combinado, solo fueron empleados los dos primeros, reflejados en las series de igual orden. Sin lugar a dudas, todo ello apunta al nivel muy bajo de dominio de la instrumentación sometida a investigación.

En general, ninguno de los encuestados pudo completar la totalidad de las series propuestas ni explicar ninguno de los principios que regía su variación. Y esto es un indicador alarmante, pues se trata de futuros profesionales de la Educación, para los que el lenguaje –el léxico-- es en extremo primordial.

Vale señalar que quienes no resolvieron la totalidad de las series de matrices fueron los mismos estudiantes (2), el 28.57%, los cuales podrían ser diagnosticados bajo la categoría de *muy bajo* con relación al nivel de dominio en la generalización. Sin embargo, este resultado de alguna manera se contradice con el grado de motivación de estas 2 estudiantes hacia la resolución de los problemas presentados en clase por el docente, bajo la mayéutica socrática, toda vez que su participación era significativa y atinada, en concordancia con el grado de dificultad de la pregunta. Aun cuando no resultaban partícipes a voluntad la más de las veces, sí respondían a las contradicciones elaboradas con nuevos cuestionamientos o con respuestas aproximadas a la solución del problema. No es ocioso obviar que ante respuestas inapreciables de sus compañeros, ellas lograban ajustar y afinar las objeciones y réplicas en aras de construir la respuesta correcta.

Estos datos indican la imposibilidad de estos estudiantes en concientizar las relaciones a establecer y formularlas verbalmente, los cuales muestran por sí solos el nivel de dominio muy bajo de la generalización en el joven universitario, al menos para esta carrera y en esta Universidad.

Por último, no debe ser para nadie un secreto que la generalidad de los alumnos, sobre todo los de la Educación Superior, se desajustan emocionalmente cuando sienten la presión que una pregunta, a veces sutilmente ingenua, aparece de repente en el horizonte de su fragmentada estructura cognitiva. La mayéutica socrática, como método incuestionable en el ejercicio de la generalización, cae como Espada de Damocles sobre su estabilidad y confort, alimentados y bendecidos por la otrora enseñanza. Sintiéndose incluso afrentado, como aconteció con el estudiante del 2º semestre de la carrera de Educación, este alumno generalmente optaba de inmediato por no responder y, haciéndose eco de su silencio, los restantes devenían acólitos pertinaces de su inoportuna actitud. Así, el método, en los albores de su nacimiento, y en su pesebre aúlico, resultaba lamentablemente apabullado, hecho que nos pulsó, sin ambages, a asumir como profesor la posición de gladiadores en la arena de las ideas. Y no hay de qué preocuparse; al final, éramos proclamados y reverenciados; no cabía duda de ello. Lo que no quedó al margen fue la aplicación consecuente que la ley de la respuesta activa, defendida excelentemente por B.F.Skinner, impone forzosamente en el aula. ¿Cómo saber si el estudiante estaba aprendiendo lo que se abordaba en clases o se hallaba mentalmente en algún lugar de esta ciudad, si no lo cuestionaba a cada instante, si no le pedía de inmediato que valorara lo que su compañero de aula había dicho? El único recurso pedagógico con el que contábamos para obtener esa información fidedigna sobre el particular, era la respuesta que exigía la pregunta que como maestro formulábamos. En el ejercicio mayéutico, múltiples contradicciones no se hicieron esperar. Empleamos cada respuesta desacertada del estudiante en la construcción de una nueva contradicción, de modo que, independientemente de esgrimir el análisis de conceptos menos generales, esto los pulsaba a tomar conciencia de que el dominio inobjetable de estos últimos conceptos era concluyente para lograr producir los nuevos. En efecto, ¿cómo abordar, digamos, el concepto de *contexto educativo*, requerido por la asignatura *Ecología del desarrollo humano*, si el cuerpo epistémico de la ciencias de la educación, total o en parte, no era conocido por él? Ante la simple proposición: enumerar los conceptos estudiados en la asignatura *epistemología de las ciencias de la educación*, el estudiante quedaba dudoso y confuso, sin aproximarse siquiera, digamos, al concepto de *educación*, el cual deviene base incuestionable de todo el sistema cognitivo-teórico de la disciplina y de la carrera.

Amparados tras la expresión del viejo Marx, en su oncena *Tesis sobre Feuerbach*, según la cual los filósofos hasta ahora se han dedicado a interpretar el mundo y de lo que se trata es de transformarlo, la influencia pedagógica tiene que ser certera en el cambio epistémico del alumno, máxime porque se trata de una carrera en la que casi la totalidad de sus conceptos no tienen existencia objetal concreta y, por ende, solo pueden denotarse en el plano mental. De no ser dominados dichos conceptos, el edificio conceptual a erigir será irremediablemente endeble, en el que no vivirán leyes para aplicar, ni principios que seguir, ni categorías que blandir; solo habitarán allí las ociosas e infecundas cadenas verbales, con la subsiguiente restricción de su preparación profesional general. El camino metodológico para dirigir el aprendizaje del cuerpo conceptual-teórico de la Educación es arduo, severo y sinuoso, pero no por ello deja de ser loable y digno para el desarrollo de la persona y de la sociedad contemporánea.

De aceptar la idea, con arreglo a la cual deseamos una sociedad más justa, más equitativa y más solidaria, entonces la enseñanza debe ponderar subrayadamente la dirección del aprendizaje del estudiante en aras de que este llegue a ser mejor como persona, como profesional y como ciudadano, de modo que logre ser autónomo, capaz de pensar por sí mismo, de tomar sus propias decisiones –aunque se equivoque—, de construir su entereza moral y de asumir y defender la concepción científica del mundo. Esto lo condiciona preponderantemente una enseñanza abierta al diálogo, bajo un clima de respeto, de libertad responsable y de solidaridad universal, siempre bajo la mayéutica socrática, cuyo rasgo conspicuo está en formular preguntas al estudiante hasta el grado en que se contradiga a sí mismo y se vea en la necesidad de hallar desesperadamente la idea generalizadora sobre la que descansa su futuro como profesional. Es esta, *grosso modo*, la metodología que a juicio nuestro debe prevalecer en la formación del pensamiento científico en la casa de altos estudios de la contemporaneidad.

Conclusiones

- La generalización teórica, diagnosticada bajo la aplicación del test de Matrices Progresivas, como adaptación del Raven, se halla a un nivel muy bajo de dominio en los estudiantes del 2º semestre de la carrera de Licenciatura en Educación, de la Universidad Metropolitana del Ecuador, con sede en Guayaquil.

- La Universidad debe constreñir el ejercicio profesional docente a la construcción del conocimiento científico –generalización teórica--, en aras de la calidad de la gestión educativa. La labor de dirección productiva del docente es incuestionable cuando se trata de la formación y el desarrollo de las instrumentaciones psíquicas destinadas a la obtención del conocimiento y, particularmente, del conocimiento científico.

- Un proceso educativo que se sostenga preponderantemente sobre la base de la enseñanza del concepto empírico y de cadenas verbales condicionará el dogma y la intolerancia de seres humanos que deben ser responsables de sus conductas, de forjar su propia vida, de desarrollar un pensamiento crítico hacia su realidad y de estar al cuidado de la comunidad que le rodea, tanto de la inmediata como de la distante, de carácter global, en la que todos nos hallamos insertos.

Recomendaciones

- Elaborar una estrategia metodológica que se oriente a la dirección de la producción del conocimiento por parte del docente y en la que un lugar cimero le corresponda a la mayéutica socrática, como método de enseñanza que, por antonomasia, pulsaría con efectividad la formación y/o desarrollo de la generalización.

- Generalizar la experiencia investigativa a otras carreras de la misma Universidad y a otros contextos profesionales educativos.

Referencias bibliográficas

- Anastasi, A. (1967). *"Test psicológicos"*. Buenos Aires: Aguilar.
- Ausubel, D. (1958). *"Theory and problems of child development"*. New York: Grune Stratton.
- Betto, F. (2009): *"La obra del artista. Una visión holística sobre el universo"*. La Habana: Ciencias Sociales.
- Bermúdez Sarguera, R. y M. Rodríguez Rebustillo (2017a). El conocimiento preconceptual: fuente del conocimiento científico. En *Revista Pedagogía Universitaria*, Vol.22, No.3, pp.1-22.
- _____ (2017b). *Diagnóstico psicológico para la educación*. (2ª edición). Guayaquil: Edición Universitaria. ISBN/978-9978-59-128-4.
- _____ (2017c). Estructura del problema de investigación, contradicciones inherentes y exigencias metodológicas para su formulación. En: *Revista Pedagogía Universitaria*, Vol.22, No.2. pp.1-18.
- _____ (2016a). El concepto pedagógico de competencia: ¿un concepto integrador o una usanza intelectual contemporánea? En: *Revista Pedagogía Universitaria*. Vol.21, No.4. pp.16-37.
- _____ (2016b). Lo empírico y lo teórico: ¿una clasificación válida cuando se trata de métodos de investigación científica? En *Revista Pedagogía Universitaria*. Vol. 21, No. 2, pp.1-17.
- _____ (1992). *"Algunos procedimientos metodológicos para el desarrollo de la generalización como operación fundamental del pensamiento teórico"*. 1er. Taller Internacional sobre las perspectivas de la Educación Superior, U/H, CEPES, Ciudad de La Habana.
- Bozhovich, L.I. (1976). *"La personalidad y su formación en la edad infantil"*. Ciudad de La Habana: Pueblo y Educación.
- Davidov, V.V. (1986). "Los problemas fundamentales del desarrollo del pensamiento en el proceso de enseñanza". En: *Antología de la psicología pedagógica y de las edades*, Ciudad de La Habana: Pueblo y Educación. Pp.234-238.
- _____ (1974). "Tipos de generalización en la enseñanza". Ciudad de La Habana: Pueblo y Educación.
- Engels, F. (1972). *"Anti-Dühring"*. Buenos Aires: Claridad.
- Galperin, P.Ya. (1979). *"Introducción a la psicología"*. Ciudad de La Habana: Pueblo y Educación.
- Guétmanova, A. (1989). *"Lógica"*. Moscú: Progreso.
- Leibniz, G.W. (1984). *"Nuevo tratado sobre el entendimiento humano"*. La Habana: Ciencias Sociales.
- Leontiev, A.N. (1975). *"Actividad, Conciencia, Personalidad"*. Ciudad de La Habana: Pueblo y Educación.
- Petrovsky, A.V. (1979). *"Psicología de las edades y pedagógica"*. La Habana: Pueblo y Educación.
- Piaget, J. (1968) *"La construcción de lo real en el niño"*. Buenos Aires: Proteo.
- Raven, J.C. (2014). *"Test de matrices Progresivas"*. Buenos Aires: Paidós.
- Réshetova, A.C. (1989). "Plano verbal de la ejecución de la acción". Ciclo de conferencias dictadas en la Facultad de psicología. Edición universitaria. Universidad de La Habana
- Rodríguez Rebustillo, M. y R. Bermúdez Sarguera (2005): *"Las leyes del aprendizaje"*. Ciudad de La Habana: Pueblo y Educación.
- Rubinshtein, S.L. (1966): *"El proceso del pensamiento: el pensamiento y los caminos de su investigación. Las leyes del análisis, la síntesis y la generalización"*. La Habana: Editora Universitaria.
- Sálmina, K.I. (1988). *"Plano material de la ejecución de la acción"*. Conferencia dictada en la Facultad de psicología. Edición universitaria. Universidad de La Habana.
- Spearman, Ch. & Jones, L.W. (1950). *"Human Ability"*. Londres: British Society of Bone & Joint Surgery, Ltd.
- Talízina, N.F. (1984). *"Conferencias sobre los "Fundamentos de la Educación Superior"*. La Habana: U/H, CEPES.
- Vygotsky, L. S. (1978). *"Pensamiento y lenguaje"*. Madrid: Paidós Ibérica, S.A.

Instrumento aplicado:

Test de Matrices Progresivas. *Adaptación del Raven*
2do. *semestre de la carrera de* **Licenciatura en Educación** *(Mención Educación Básica)*

Profesor de la asignatura: Dr. Rogelio Bermúdez Sarguera (PhD)
Fecha de aplicación: 09-12/2017
Estudiante: _____

Instrucción:
Con el objetivo de diagnosticar su rendimiento cognitivo-instrumental con su ingreso a la Universidad, le proponemos cuatro series de matrices progresivas que deben ser completadas por Ud. Identifique la respuesta final en función de la variación que sufre la serie dada y explique dicha variación.

Serie 1:

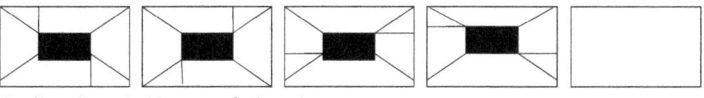

Explique la variación que sufre la serie: _____
Serie 2:

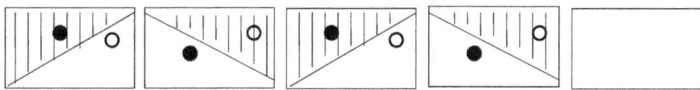

Explique la variación que sufre la serie: _____
Serie 3:

Explique la variación que sufre la serie: _____
Serie 4:

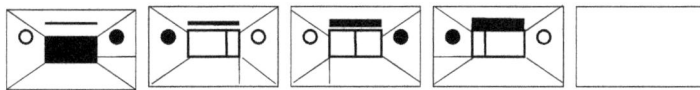

Explique la variación que sufre la serie.

_____

Serie 0:
Construya la serie que como alternativa se le propone.

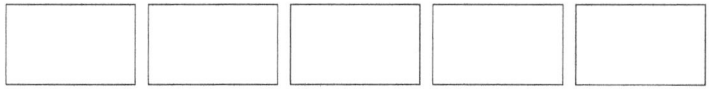

Explique la variación que sufre la serie construida por Ud.: _____